Schnell & schön

Arrangements für Schnittblumen

Hilde Lena Burke
Ursula Krüger

FALKEN

Inhalt

Material und Technik

Kleiner Grundkurs in Floristik

Wenig Aufwand, große Wirkung

Es muss nicht immer der große, aufwendig gebundene Blumenstrauß sein. Oft entdeckt man die besondere Gestalt und exquisite Schönheit einer Blüte erst, wenn man sie für sich, ohne viel Beiwerk, wirken lässt. In diesem Buch zeigen wir Ihnen in vielen Einzelprojekten mit Varianten Schritt für Schritt, wie Sie einzelne Blumen und Blüten gekonnt in Szene setzen und mit wenig Material und Kostenaufwand große Wirkung erzielen können.

Gerade bei Einzelarrangements und kleinen Sträußen spielt das passende Gefäß eine große Rolle. Nicht nur in Vasen kommen die Arrangements gut zur Geltung. Gehen Sie in Ihrem Haushalt auf die Suche: Ob dekoratives Sektglas, Windlicht oder Flohmarktfund – viele Gefäße lassen sich zweckentfremden.

Gut eingekauft

Jammerschade wäre es, wenn die Blumen nach wenigen Tagen die Köpfe hängen ließen und welk würden. Hier deshalb einige Tipps für den Einkauf: Blumen der Saison aus Freilandanbau sind in der Regel länger haltbar als Gewächshauspflanzen. Kaufen Sie in der kalten Jahreszeit keine knospigen Blüten – sie öffnen sich meistens nicht. Und: Blumen mit schlaffen Blättern sind nicht frisch.

Grünes Beiwerk und kleine Kränze sind ideale Begleiter der Blumen

Anemonen und Frauenmantel in einer nostalgischen Vase als Blickfang

Schnittblumen vorbereiten

Die Arrangements halten länger, wenn Sie Blumen und grünes Beiwerk entsprechend vorbereiten:

- Schneiden Sie krautige Stiele gerade, holzige Stiele schräg an. Holzige Stiele nach dem Anschneiden zusätzlich mit einem scharfen Messer einige Zentimeter spalten oder platt klopfen, sodass die Pflanze mehr Wasser aufnehmen kann.
- Stellen Sie die Stängel sofort wieder ins Wasser.
- Sondern die Stiele Milchsaft ab (Wolfsmilchgewächse), halten Sie sie kurz in heißes Wasser oder sengen sie über einer Streichholzflamme leicht an.
- Befreien Sie die Stiele so weit von Blättern und krautigen Teilen, wie sie in der Vase im Wasser stehen. Bei den meisten Stängeln lassen sich die Blätter einfach mit der Hand abstreifen. Rosen sollte man mit einem kleinen scharfen Messer oder einem Dornenabstreifer vorsichtig entdornen.

Blumenpflege

Sorgen Sie dafür, dass die Blumen immer ausreichend frisches (kalkarmes) Wasser haben; alle Stiele sollten im Wasser stehen. Wechseln Sie das Wasser spätestens dann komplett, wenn es trübe wird. Fäulnisbakterien im Wasser lassen sich durch einige Tropfen Bleichmittel oder Soda in Pulverform verhindern. Welkende Blumen erholen sich, wenn Sie die Stiele kürzen.

Holzige Stiele werden von oben schräg nach unten angeschnitten

Mit den Stielen kurz in heißes Wasser getaucht, bleiben viele Blumen länger frisch

Hilfsmittel und Werkzeug

Neben dem nötigen Werkzeug (siehe unten) sind *Steckhilfen* ein wichtiges Hilfsmittel. Eine klassische Hilfe ist die *Steckmasse.* Am häufigsten wird synthetische Steckmasse verwendet, die in Gartencentern, Bastelläden und Blumengeschäften erhältlich ist. Sie bekommen sie als Block, aus dem sich mit einem Messer leicht die gewünschte Form ausschneiden lässt. Steckmasse für Frischblumen ist grün im Gegensatz zur grauen Steckmasse für Trockensträuße. Wichtig: Bevor Sie Pflanzen hineinstecken, muss die Steckmasse gründlich gewässert werden.

Die wichtigsten Werkzeuge (v. links): Dornenabstreifer, Floristenmesser, Drahtschneider, Rosenschere, Allzweckschere

Auch viele andere Materialien und Gegenstände lassen sich als Steckhilfe nutzen: Ob Glasmurmeln, Muscheln oder Schneckengehäuse, erlaubt ist, was gefällt.

Als dekorative Steckhilfen verwenden kann man außerdem verschiedenste *Naturmaterialien.* Prinzipiell sind der Fantasie auch hier keine Grenzen gesetzt. Alle Materialien, die im Wasser faulen, z. B. kleine Zieräpfel oder frisches Obst, sollte man allerdings nicht direkt ins Wasser geben. Wollen Sie in einem größeren Gefäß einzelne Blumen mit solchen

Naturmaterialien kombinieren, empfiehlt sich eine Hilfskonstruktion: Stecken Sie die Blumenstängel in einfache *Reagenzgläser* (siehe unten). Sie bekommen Reagenzgläser in jeder Apotheke. Eine Alternative dazu sind die so genannten *Orchideenröhrchen*, die Sie in Blumengeschäften kaufen können.

Vielfach einsetzbar als Steckhilfe oder dekoratives Element sind die leichten, hohlen Stängel des *Schachtelhalms* (siehe Seite 24 und 36). Sie lassen sich in jede gewünschte Länge schneiden. Mit Bast zu kleinen Bündeln gebunden, sehen sie in Glasgefäßen sehr attraktiv aus.

Eine Auswahl an Steckhilfen für kleine Arrangements. Von links: Schachtelhalme, Muscheln im Glasgefäß, Bast, Glasmurmeln, Orchideenröhrchen, Zimtstangen, Zieräpfel

Natürliche Steckhilfe: Biegsame Jelängerjelieber-Ranken (ohne Blätter) geben hier Reagenzgläsern mit Gerbera in einem dekorativen Glasgefäß Halt

Solo for one

Einzelne Blumen dekorativ in Szene gesetzt

DEKORATIV

Rose in Gesellschaft

Material

a Moos
b Hortensie (1–2 Stück, je nach Größe)
c Rose
d Frauenmantel
e Myhlenbeccia-Ranke (frisch oder getrocknet)

1. In einen kleinen Tontopf Steckmasse geben, am Topfrand mit Moos kaschieren, sodass man die Steckmasse nicht sieht. Die Hortensie(n) in die Mitte des Topfs stecken.

Variante: Auch in Moos oder Buchs lässt sich eine einzelne Rose schön einbetten.

2. In die Hortensie(n) die Rose hineinsetzen, das Ganze mit Frauenmantel und der Myhlenbeccia-Ranke ausschmücken.

Zauberhafte Einzelgänger

Material

a Schneckengehäuse (oder größere Muscheln)

b Lilie (mit möglichst vielen Blüten)

In einem bauchigen Glasgefäß Schneckengehäuse oder Muscheln platzieren, Gefäß zur Hälfte mit Wasser füllen. Die schräg eingestellte Lilie bildet einen gewollten Kontrast zur runden Form der Vase.

Variante 1: Statt der Lilie kann man genauso gut einen kleinen Ast von einem Apfelbaum in die Vase stellen.

Variante 2: Auch eine schöne Einzelblüte – wie hier die Sonnenblume –, kombiniert mit 3 Äpfelchen, macht sich gut in dem bauchigen Glas.

ÖSTERLICH

Häschen im Duett

Material

- **a** Vinca-Zweige (2 Stück)
- **b** rote Stiefmütterchenblüten (2 Stück)
- **c** blaue Stiefmütterchenblüten (2 Stück)

Die dekorativen Hasen-Ständer mit den kleinen Glaseinsätzen lassen sich mit kurzstieligen Blüten wie den Stiefmütterchen ebenso gut bestücken wie mit langstieligeren Blumen.
Als Alternative zu den Stiefmütterchen (großes Bild Seite 17) sind hier Ranunkeln gewählt.

UMFUNKTIONIERT

Windlichter als Vasen

Das Material

a rosa Rose

b Heuchera-Blatt

Windlichter gibt es in ganz unterschiedlichen Formen. Diese Exemplare in Drahtständern eignen sich hervorragend als Blumenvasen. Reinigen Sie den Glasbehälter gründlich mit heißem Wasser von den Wachsresten.

Variante 1: Aufgeblühte Anemonen, einzeln in die Windlichter gestellt, wirken für sich.

Variante 2: Islandmohn blüht in leuchtenden Farben. Einzelne Blüten in verschiedenen Höhen ergeben hier ein harmonisches Spiel der Formen und Farben.

Tipp: Die Fruchtstände der Mohnkapseln lassen sich auch getrocknet dekorativ verwenden.

Farbenfroher Reigen

Material

- **a** orangefarbene Halskrausendahlien
- **b** Dahlienknospen mit Blättern
- **c** rote Schmuckdahlie
- **d** rosa Seerosenblütige Dahlie
- **e** gelbe Pompondahlie
- **f** orangerote Schmuckdahlie

Es gibt viele Dahliensorten in herrlichen Farben. Stellen Sie je eine Blüte zusammen mit einer blättrigen Knospe in ein einfaches Wasserglas und gruppieren Sie die Gläser nach Geschmack passend zum Standort: z.B. versetzt hintereinander oder in einer Reihe.

Variante 1: Macht sich auch gut: einzelne Dahlienblüten in einem kleinen Kranz aus Myhlenbeccia-Ranken (gibt es in Bastelläden).

Variante 2: Als natürliche Steckhilfe Myhlenbeccia-Ranken locker in den Gläsern verteilen. Je 10 Veilchen und 1–2 Veilchenblätter abbinden. Die Veilchensträußchen in die Gläser stellen.

Variante 3: Wer's nicht ganz so farb-monochrom mag, mischt die Veilchensträußchen mit roten Ranunkeln.

Kleine Vasen, große Wirkung

Material
a Vergissmeinnicht
b Lupine
c Enzian
d Anemone
e Veronica (Ehrenpreis)

Variante: „Grünzeug" pur (von links: Wolfsmilch, Harlekin, Olivenzweig, Trefarn, Clematis-Samenstände). Auf dem Boden der Vasen liegen Schneckengehäuse.

Die Arrangements auf dieser Doppelseite leben aus dem Zusammenspiel der verschieden hohen Vasen und Blüten bzw. Stängel. Verschiedene blaue Blüten (siehe Foto Seite 23) oder als Alternative nur eine Blumenart wie auf dem Foto rechts – hier sind es große Freesien – wirken in den schlanken Vasen auch ohne Beiwerk.

Koalition in Rot-Grün

Material
- a rote Glasmurmeln
- b Schachtelhalme
- c Bindebast
- d rote Rose
- e Mini-Hagebutten

Variante: Schachtelhalme in 3–4 cm lange Stücke schneiden, wie eine Kette auf Bast aufziehen und die Rose damit umgarnen.

1. Die Schachtelhalme auf die richtige Länge zurechtschneiden (richtet sich nach der Höhe des Glases) und zwei Bunde mit Bast zusammenbinden.

2. Zwischen Bast und Schachtelhalme die Rose und die Minihagebutten stecken. Die rote Glasmurmel im Glas setzt das i-Tüpfelchen zum Schluss.

UMMANTELT

Anthurien in Zyperngras

Material

a Schusterpalme
b Anthurie
c Orchideenröhrchen

1. Die Schusterpalme in der Mitte durchschneiden.

2. Anthurien in mit Wasser gefüllte Orchideenröhrchen stecken, in je eine halbierte Schusterpalme einwickeln und in ein Sektglas stellen.

3. Im Trio wirkt das Arrangement besonders gut. Variante (siehe Foto Seite 27): Zur Tarnung des Glasröhrchens kann man die Anthurie auch in einem Schopf Zyperngras verstecken.

TRANSPORTABEL

Mini-Sträuße im Flaschenkorb

Material

- a rosa Malve
- b rote Dahlie
- c grüne Brombeeren
- d Heuchera-Blatt
- e kleiner Zierkürbis
- f grün-cremefarbenes Funkien-Blatt
- g rote Rose
- h Skimmie-Zweig mit Blüte
- i Myhlenbeccia-Ranke

Alte Flaschenkörbe entdeckt man zuweilen auf Flohmärkten. Auf „alt getrimmte" Körbe in verschiedenen Größen bieten auch Blumengeschäfte an, die ein größeres Sortiment an Gefäßen haben.

Für dieses Arrangement wurden bunte, gemusterte Trinkgläser zu Vasen umfunktioniert. Sie können auch jedes andere Glas verwenden, das in den kreisrunden Öffnungen des Flaschenkorbs hübsch aussieht.

Schnell und schön

Kleine Sträuße ganz groß

RUSTIKAL

Herbstlicher Gruß aus dem Garten

Material

a Hagebutten
b Fetthenne
b Tillandsia-Ranken (Greisenbart)

1. Fetthenne in kleinen Glasröhrchen hinter der „Gießkanne" verstecken, sodass die Fetthenne eben über den Rand der Gießkanne ragt.

2. Kleine Töpfe aus dem gleichen Material wie die Gießkanne (Metall) zur Hälfte mit Steckmasse füllen. Die zu kleinen Sträußen zusammengebundenen Hagebutten hineinstecken. Den Topfrand mit Tillandsia-Ranken verdecken.

Variante: Die Gießkanne mit roten Gerbera vor langem Gras bestücken.

AUFRECHT

Amaryllis-Krone

Material

a Bärgras
b Amaryllis (2–3 Stück, je nach Größe)
c Schneckengehäuse

Myhlenbeccia-Kranz

1. Die Amaryllis unterhalb der Blüten mit Bindebast zusammenbinden.

2. Um die Stiele ein Bündel Bärgras knoten. Das Duo in eine hohe Glasvase stecken. Der Mylenbeccia-Kranz gibt dem Amaryllis-Gebinde den nötigen Halt und ein Schneckengehäuse in der Vase gibt dem Arrangement den besonderen Pfiff.

REDUZIERT

Gerbera fernöstlich

Material
a Schachtelhalme
b rote Mini-Gerbera (6 Stück)
c rote Glasmurmeln
d Bindedraht (papierummantelt)

1. Drei Schachtelhalmstücke mit papierummanteltem Bindedraht zu einem Dreieck verbinden. Auf den Rand der Vase legen. Das Dreieck gibt dem schlanken Blumen-Arrangement den notwendigen Halt.

2. Die Gerbera direkt unterhalb der Blüten abbinden und dann noch zwei- oder dreimal – je nach Länge der Stiele – mit Bindedraht umwickeln. Die roten Glasmurmeln auf dem Boden der Vase korrespondieren mit der Farbe der Blüten.

BUNT GEMISCHT

Kleine Küchensträuße

Material

a Mini-Wirsing
b Minze
c Rittersporn
d Thymian
e Enzian
f gelbe Peperoni
g Rosmarin
h rotes Löwenmäulchen
i glatte Petersilie
j Mini-Fenchel

Eine kleine Sonnenblume peppt das Thymiansträußchen auf.

Glatte Petersilie ist der richtige Rahmen für das Löwenmäulchen. Bei einem Spaziergang durch Ihren Garten fallen Ihnen bestimmt noch viele Variationen für kleine Küchensträuße ein.

Auf dem großen Bild auf Seite 39 außerdem in Töpfen: Mini-Wirsing, Mini-Fenchel (kopfüber), gelbe Peperoni, Rittersporn im Thymiansträußchen, Enzian.

Schwimmende Glanzlichter

Material

a Schwimmkerze

b rosafarbene, aufgeblühte Rose mit Blättern

Variante 2: Als sommerliche Alternative lassen sich kurz unter der Blüte abgeschnittene Calendula (Ringelblumen) mit Schwimmkerzen kombinieren.

Variante 1: Als Alternative zu Rosenblüten können Sie auch lose Rosenblätter in das Glasgefäß geben und in die Mitte eine Kerze setzen. Als Umrandung sehen zarte Efeuranken hübsch aus.

NOSTALGISCH

Etagenstrauß mit Kalla

Material

a dunkelrote Kalla
(so viele wie notwendig)

b altrosa Rosen
(so viele wie notwendig)

Storchschnabel

Die Kalla mit Tesafilm zusammenbinden, den Bund in die Vase stellen. Nehmen Sie so viele Kalla, dass die Verengung im unteren Teil der Vase durch die Stiele ausgefüllt ist. Rund um die Kalla Rosen stecken, die so lang sind, dass sie eben über den Rand der Vase schauen.

Variante: Statt mit Rosen lassen sich die Kalla auch mit attraktiven Blättern (wie hier Storchschnabel) einrahmen.

VERSPIELT

Kleine Arrangements

Material

a Heuchera-Blatt
b Vergissmeinnicht
c rosa Malve
d Lupine
e Ligusterbeeren
f Efeu
g rosa Rose
h Veronica (Ehrenpreis)
i rote Pompondahlie
j Farn
k Myhlenbeccia-Ranke

1. Die hier verwendeten Gläser haben einen gelochten Metallrand. Metallrand abnehmen und die Löcher wie abgebildet mit Bast verbinden. Bei Gläsern ohne einen derartigen Metallrand kann man ein Gitternetz als Steckhilfe auch mit einfachem Tesafilm aufkleben.

2. In den Zwischenräumen des Gitternetzes nach Belieben Blumen, Zweige und Blätter kombinieren.

MINIMALISTISCH

Steckhilfen aus der Natur

Material

- **a** orangefarbene Mini-Gerbera (5 Stück)
- **b** rote Mini-Gerbera (1 Stück)
- **c** Reagenzglas (6 Stück, gibt es in Apotheken)
- **d** Zieräpfel

Variante 1: In einem dekorativen Glasgefäß blattlose Ranken von Jelängerjelieber als natürliche Steckhilfe arrangieren. Alternativ (wie auf dem Foto S. 47) kann man als Steckhilfe auch getrocknete Früchte verwenden, z. B. Quitten, Holzäpfel oder kleine rotbackige Zieräpfel. Gerbera in die Reagenzgläser stellen, mit Wasser füllen und in das Glasgefäß stecken.

Variante 2: Ein Bett aus Moos als Steckhilfe.

Im FALKEN Verlag sind zahlreiche Titel rund um kreatives Gestalten und Dekorieren erschienen. Sie sind überall erhältlich, wo es Bücher gibt.

Sie finden uns im Internet: **www.falken.de**

Dieses Buch wurde auf chlorfrei gebleichtem und säurefreiem Papier gedruckt.

Der Text dieses Buches entspricht den Regeln der neuen deutschen Rechtschreibung.

ISBN 3 8068 7581 2

Umschlaggestaltung: Rincón², Design & Produktion GmbH, Köln
Titelbild und Fotos im Innenteil: Gisela Caspersen, Hamburg
Redaktion: Ursula Krüger, Reinbek; Regine Gamm
Herstellung: Ohl Design, Wiesbaden; Petra Zimmer

Satz: Ohl Design, Wiesbaden
Reproduktion: Lithotronic, Frankfurt
Druck: Appl, Wemding

817 2635 4453 6271